RÉPONSE

A M. L'ABBÉ MAGNAN

RÉPONSE

A M. L'ABBÉ MAGNAN

MEMBRE DE LA SOCIÉTÉ DE STATISTIQUE

SERVANT DE SUPPLÉMENT AUX ERRATAS DE SON HISTOIRE

D'URBAIN V

ET A L'ENTRÉE D'URBAIN V A MARSEILLE EN 1365

MARSEILLE

TYPOGRAPHIE ET LITHOGRAPHIE ARNAUD, CAYER ET Cie

Rue Saint-Ferréol, 57

1867

En 1854, une brochure fut publiée à Marseille par
M. Elie Berton, sur *l'Immaculée Conception*. Elle fut aus-
sitôt vivement critiquée, et le vénérable chanoine C...,
qui l'avait recommandée au public, fut vertement se-
moncé, et renvoyé à sa théologie.

En 1857, l'honorable secrétaire-perpétuel de notre
Académie, pour avoir annoncé au monde savant la dé-
couverte de nouvelles cryptes à Saint-Victor, reçut une
leçon des plus vives, et l'on n'a certainement oublié ni
Les Caves de Saint-Victor, ni les articles épicés du
Courrier de Marseille.

La même année, à la fin de décembre, la *Revue de
Marseille* ayant imprimé un article intéressant de M. K...
sur la translation des reliques d'Urbain V, une réclama-
tion partit des bords du Tibre contre cet article. On
demandait avec étonnement comment on pouvait se
permettre d'aborder un sujet sans l'avoir étudié, et
lorsqu'on savait qu'*un autre* y travaillait.

On a déjà nommé l'auteur de ces diverses critiques.
Le théologien qui tança M. Berton et M. C..., se nom-
mait M. Magnan. L'archéologue qui en apprit à l'abbé
D..., avait nom M. Magnan. L'historien qui s'attribuait
le monopole d'Urbain V était encore M. Magnan. Trois
têtes dans un bonnet.

Ce n'est pas tout. Nous eûmes la faiblesse de publier, en
février 1864, un *Panégyrique de saint Théodore*, que nous
sommes loin de donner pour un chef-d'œuvre, et dont

nous ferions volontiers bon marché, si M. Magnan n'avait écrit une *Vie de saint Théodore*, qui nous donne un peu de courage. Le premier exemplaire de ce discours qui pénétra dans la maison dont il était alors supérieur, nous revint le lendemain couvert d'annotations manuscrites, dont voici un échantillon : — *Style d'épicier. — Style canonique. — Style de bon papa. — Style de dissertation théologique. — Style de collège. — Style de mathématique. — Ce n'est pas le prix de l'éloquence. — Le tour est-il français, latin, grec ou arabe? — Ici l'auteur s'embarrasse. — Deux fautes de français dans une demi-phrase. — Il n'y a que les médecins et les garde-malades qui parlent ainsi. — Est-ce que M. A... aurait si vite oublié son droit canon? — Pour un docteur en théologie, c'est un peu fort.* — Et à la fin : — *Rudis indigestaque moles! Cui lumen ademptum! Il n'y a dans ce panégyrique aucun intérêt. Ce sont quelques faits isolés, racontés sèchement, et unis l'un à l'autre par du gros fil.* — Et le reste.

Tout cela était écrit de la propre main de M. Magnan, quoiqu'ils s'y fussent mis à deux; et ces aménités, il trouvait à nous les dire chez lui, c'est-à-dire, qu'il nous attaquait dans le seul endroit où nous ne pouvions pas lui répondre. Nous gardâmes le silence, tout en étant convaincu que ces exemples autorisaient un peu de critique.

Nous attendîmes deux ans, pour laisser se consolider sa position au collège catholique, où il avait besoin de toute sa réputation, et parce que nous ne voulions pas *faire une brochure contre lui,* comme il nous en accuse à tort, page 5. Mais en publiant, en octobre 1865, l'*Entrée solennelle d'Urbain V à Marseille, en 1365,* obligé de rectifier presque partout le récit de fantaisie que M. Magnan avait fait du même événement, nous nous permîmes d'ajouter à la fin une série de notes pour servir d'Errata à l'*Histoire d'Urbain V.* Nous crûmes, tout en sauvegardant les droits de la critique historique, rendre à l'auteur un véritable service, car il avait oublié d'indiquer les fautes commises, non par lui évidemment, mais par son imprimeur ; et il y en a passablement, de son propre aveu.

M. Magnan ne nous répondit pas, *ce qui fut approuvé généralement* (page 5), car il n'avait rien à répondre, pas plus alors que maintenant, puisque sa *Lettre* répond à notre seconde brochure, sans toucher à la première. Mais il se fit recevoir de la Société de statistique, ce qui prouvait qu'il avait raison. Il fit faire un article contre nous par le père d'un de ses élèves ; il en fit insérer un en son honneur dans la *Revue du monde catholique*, un dans la *Semaine Liturgique*, deux dans la *Gazette du Midi*, où on lisait le 3 décembre 1865 : « La Société « de statistique vient de recevoir au nombre de ses « membres actifs M. Magnan, supérieur du Collége ca- « tholique, que recommandaient *plusieurs* publications « historiques d'un *grand* mérite. » Et le 8 décembre 1865 : « M. Magnan est déjà connu dans le monde litté- « raire par de *graves travaux*, et en particulier par « une *belle* histoire d'Urbain V, écrite avec une con- « science et *une érudition* que pouvait seul inspirer un « dévouement infatigable au Saint-Siége. » Une érudition qui est inspirée, et inspirée par un dévouement !! C'est M. le chanoine A. Ricard qui lançait à M. Magnan ce coup d'encensoir.

Un an après, nous fîmes paraître nos *Recherches sur la famille de Grimoard.* M. Magnan, qui nous lit avec une grande attention, s'aperçut que nous y avions rétracté une des assertions émises dans l'*Entrée d'Urbain V*, ce qu'il se serait bien gardé de faire ; et il pensa qu'avec un peu d'art il pourrait faire croire que *nous avions rec-*

…pe toutes nos propositions de l'année dernière, page 7. Il pourrait aussi donner à entendre à ceux qui ne nous ont pas lu, que nous l'avions attaqué de nouveau sans ménagements, ce qui n'est point du tout vrai, et que *nous frappions sur lui à coups redoublés*, page 5. Enfin, en ayant l'air de supposer que nos *Recherches*, imprimées en septembre, l'avaient été après sa chute, il nous rendait odieux et se posait en victime, tandis qu'il était agresseur.

D'ailleurs, il devait une revanche à son associé de l'an dernier, et sachant que nous avions ensemble une petite discussion, il crut avoir trouvé l'occasion favorable pour, du même coup, témoigner sa reconnaissance en faisant une diversion en sa faveur, et nous battre à plate couture. Il savait que l'autre avait assuré sa vengeance par une voie sûre, bien que secrète ; il fallait donc profiter des circonstances. Deux contre un en même temps, c'était imiter la Prusse et l'Italie, et le moins qu'on en pouvait espérer c'était contre nous un désastreux Sadowa.

C'est alors que M. Magnan fit imprimer sa *Lettre de remercîment*. Nous devons dire que nous avons fait tout ce que nous avons pu pour éviter la présente discussion, ou au moins la retarder. Ses amis connaissent les démarches que nous avons faites personnellement pour que cette controverse n'eût pas lieu. Le moment est en effet bien propice ! Nous n'avons rien pu gagner, le vin était tiré, il a fallu le boire. M. Magnan nous a répondu qu'il voulait un peu rire et faire un peu rire, un peu plaisanter, un peu s'amuser. Tant pis ! ce n'est pas notre faute.

RÉPONSE A M. MAGNAN

Mon cher Monsieur MAGNAN,

Je vous adresse mes remerciments, en retour des vôtres. Vous êtes vraiment trop honnête de vous souvenir du petit service que je vous ai rendu en vous indiquant quelques erreurs qui déparaient votre livre.

Veuillez aussi accepter mes félicitations; vous y avez droit, car vous vous êtes tiré avec talent d'un pas difficile. Je n'avais relevé que des fautes évidentes, et pour tout autre la réponse aurait pu sembler impossible. Vous vous y êtes pris de la manière la plus habile. Mes observations contenaient beaucoup de faits, et à côté de chaque fait, sa preuve, et la citation des autorités. Votre réponse laisse de côté les faits, les preuves et les autorités, — c'est bon pour un autre siècle : — mais par contre, on y trouve beaucoup d'esprit, beaucoup de sel, beaucoup de malices, beaucoup de plaisanteries, et le style onctueux qui les contient, les fait lire avec intérêt. C'est un tour de force ; je vous en fais mon compliment. Vous n'avez établi aucun des points critiqués ; vous n'avez réfuté aucune de mes assertions ; mais vous avez montré que vous aviez de l'esprit, et ceux qui vous croient sur parole s'imagineront que j'ai abandonné moi-même les propositions émises il y a deux ans.

Ma première pensée, après avoir lu votre lettre, a été de vous envoyer immédiatement le restant de mes observations sur votre *Histoire,* convaincu que si mes premiers services vous avaient été si agréables, j'acquerrais par là de nouveaux titres à de nouveaux remercîments. Peut-être que vous n'auriez plus ri, et d'autres auraient commencé à rire.

J'ai changé d'avis; je vais vous dire bientôt pourquoi, après vous avoir donné une idée des matériaux que j'ai ramassés dans votre livre de 500 pages.

Comme les erreurs que j'y ai relevées se comptent par centaines, j'ai dû les classer en plusieurs paragraphes, pour y mettre un peu d'ordre et en rendre la lecture soutenable.

Dans le premier paragraphe, je prouvais que votre *Histoire d'Urbain V et de son siècle d'après les manuscrits du Vatican,* n'a pas été écrite d'après les manuscrits du Vatican. La raison en est évidente; j'ai trouvé dans les manuscrits que vous citez ce que vous dites n'y être pas, et ce que vous dites y être n'y est pas. La manière dont vous citez le *Regeste d'Urbain V* prouverait que vous ne l'avez pas vu ; car il n'existe point de tome 1, tome 2, etc. Vous avez donné aux volumes que vous indiquez, le numéro de l'année du pontificat dont vous rapportez les bulles. Vous ignorez donc que chaque année a deux ou trois tomes; de manière qu'en disant tome 2 pour la 2me année, vous voulez parler du tome 4 ou 5, et lorsque vous dites tome 8, non seulement vous marquez une tomaison qui n'existe pas, mais vous avez en vue, en réalité, un volume qui serait peut-être le tome 20, si on les numérotait. D'ailleurs, toutes vos citations du *Regeste,* vous les avez prises dans l'*Histoire Ecclésiastique* de Rainaldi, en changeant la cote que vous ne compreniez pas. Venez voir mon exemplaire de votre *Histoire* ; à côté de vos citations, j'ai mis l'indication de l'endroit correspondant de Rainaldi. Tout y est. C'est donc lui, et non pas le Vatican, qui vous a fourni les bulles que vous avez employées.

Dans le second paragraphe, j'avais aligné une vingtaine de contre-sens qui vous ont échappé en traduisant les chroniques de Muratori, les vies de Baluze, les manuscrits du Vatican, etc. (J'emploie le mot de contre-sens, que j'avais évité avec soin, puisque vous vous en servez contre moi, p. 21.)

Le troisième paragraphe était consacré au singulier système chronologique que vous avez adopté. Laissant de côté tout ce qui pouvait être une faute d'impression, je vous montrais que vous preniez assez souvent une année pour l'autre, soit en traduisant inexactement les années des pontificats, soit en devançant d'une année les évènements arrivés avant Pâques, c'est-à-dire, avant le renouvellement de l'an, à l'époque où l'année commençait à Pâques. Je faisais voir comment vous indiquiez un mois pour un autre, les nones pour les ides, un jour du mois pour un autre jour, un jour de la semaine pour un autre, le lundi pour le mardi, etc., une heure pour une autre heure, la nuit pour le jour. Il y a là un peu plus que ce que vous appelez *vous tromper d'un jour ou d'une heure*, p. 5.

J'avais réuni dans le quatrième paragraphe les dates fausses, les chiffres fautifs qui fourmillent dans votre livre. Direz-vous que c'est la faute du prote? Assurément non; car pour éviter de m'y méprendre, je m'étais attaché aux chiffres écrits en toutes lettres, comme: *cinquante* mille florins, p. 201, pour cinq cent mille, *quingenta*; *quatre* jours, p. 333, pour rendre *quinque dies*; *deux* jours, p. 337, pour. *unà nocte*; *six* jours, p. 355, pour, *per tres dies*. Direz-vous que ce sont de petites choses? Sans doute; mais il est malheureux qu'il y ait tant de ces petites choses. — Vous mettez à la p. 331, que de nombreuses galères étaient venues chercher Urbain V: *Gênes en fournit quatre, Florence quatre, la reine Jeanne et la Provence cinq, Pise trois, le cardinal Albornoz quatre. C'était en tout vingt-cinq galères*. Vous avez mal fait l'addition. — A la p. 476, on lit que le procès-verbal de sa canonisation contient *quatre-vingt-deux* miracles dont *deux* résurrections de morts. Voulez-vous que je vous dise où vous avez pris cela? C'est dans les *Mémoires de l'abbé de Sade* sur Pétrarque, p. 772, où votre phrase se trouve mot à mot. Vous aviez pourtant sous les yeux le procès de canonisation qui énumère 89 miracles dont 15 morts ressuscités. Pourquoi ne pas faire vous-même le compte, au lieu de demander vos chiffres à un autre ?

Le cinquième contenait les faits inexacts et les assertions sans fondement que j'avais lues dans votre *Histoire*. Je vous prouvais, entre autres, que Pierre d'Aigrefeuille n'avait pas pu être transféré *en 1357* de l'évêché de Mende à celui d'Uzès, p. 87, Albert Lordet ayant été évêque de Mende de 1332 à 1361 ; que le village de Grisac ne dépendait pas au spirituel de *Bédoués*, p. 313, mais de Fraissinet de Lozère ; qu'Anglic ne fonda pas à Montpellier la *collégiale* de Saint-Ruf, p. 310, mais un collége pour les étudiants de son ordre ; que les cardinaux de Grimoard et de Sarragosse accompagnèrent le pape en Italie, et ne prirent pas *la voie de terre*, p. 322 ; que fra Morial d'*Albarno* n'était pas d'Aubagne, p. 101 ; que la consultation fameuse donnée par Guill. de Grimoard, en 1346, ne le fut pas à l'occasion des funérailles du *roi de Majorque*, p. 87, mais à propos de celles de la reine Constance, etc., etc.

Il y avait un sixième paragraphe au sujet de certaines historiettes que vous avez admises trop facilement : comme l'histoire de l'archevêque de Sens, que le pape, par ironie, promut à l'humble patriarcat de Jérusalem, p. 90, chose historiquement impossible, puisque Philippe de Cabassole était déjà, et resta après, patriarche de Jérusalem ; comme encore l'affaire de la bulle que Bernabos Visconti força Guillaume de Grimoard à manger, p. 117. Muratori vous donne, dans son tome 17, l'explication de cet évènement qui concerne un autre bénédictin.

Il y en avait un septième, où je trouvais à redire à votre manière de nommer les personnages qui figurent dans votre récit. J'ai déjà relevé, *errata 43*, comment vous avez donné trois noms différents à la même personne. Vous avez suivi le même système en beaucoup d'endroits, et il est souvent bien difficile de vous suivre. Le même cardinal est nommé par vous, Gilles

Aiscelin de Montaigu. p. 160, cardinal de Montaigu. p. 162,
Gilles cardinal prêtre du titre de Saint-Martin-des-Monts, p. 239,
et cardinal Aiscelin, tout court, p. 437. Il vaudrait mieux un
peu d'uniformité. — Le cardinal Alberti. p. 355, est ailleurs le
cardinal de Carcassonne, p. 322. — Le cardinal d'Aigrefeuille,
p. 128, devient le cardinal de Sarragosse. p. 322. — Le cardinal
de Maguelone, p. 130, est le même que le cardinal Androin
Alberti, p. 309. Ne pouviez-vous pas débrouiller ce cahos en
faveur de vos lecteurs futurs ?

Un huitième paragraphe traitait de la géographie, de l'ar-
chéologie, etc., et renfermait pas mal de fautes. Vous avez
voulu, par exemple, nous faire croire, p. 314, que l'église de
Chirac *fut reconstruite* par Urbain V, sur le plan de Saint-Victor de Marseille, chose difficile à admettre, car elle est de deux
ou trois siècles plus ancienne. Comment avez-vous pu ainsi
confondre le plein cintre avec l'ogive, les colonnes romanes
avec les colonnettes gothiques. les chapiteaux romans à têtes
grotesques avec les gracieux chapiteaux du quatorzième siècle ?
C'est stupéfiant ! D'ailleurs, il n'y a pas un mot de ce fait dans
les histoires du pape et dans les manuscrits du Vatican.

Telles sont, sauf quelques paragraphes que je laisse de côte.
les notes que j'ai réunies sur votre ouvrage, et que je me dis-
posais à vous envoyer en reconnaissance de vos remerciments.
J'ai changé d'avis, et je dois vous dire pourquoi.

D'abord, vous comprenez sans peine que ces nombreuses
observations, avec les citations qui les auraient accompagnées
pour les rendre évidentes, allaient tenir beaucoup de place et
coûter bien cher à l'impression. Or, est-il juste que je fasse les
frais de correction de vos ouvrages, ou que je les impose à mon
éditeur ?

Et puis, je n'étais pas sûr que mon envoi vous fût agréable.
et je pouvais craindre que vous ne lui fissiez pas bon accueil.
Alors, qu'aurais-je gagné ? De faire rire sur votre compte ? Ce
n'est pas mon intention, bien cher Monsieur.

Si au moins, j'avais pu espérer de vous faire reconnaître les erreurs où vous êtes tombé ! Mais je n'avais pas même cet espoir. Ai-je réussi, malgré le soin que j'ai pris de vous citer les sources, à vous faire convenir que saint Germain d'Auxerre n'a jamais été préfet des Gaules, que la reine Jeanne n'était pas la fille du roi Robert, que Jean de Novavilla ou de Villeneuve, est un nom de lieu pris pour un nom d'homme, que les têtes de saint Benoît et de saint Germain ne sont pas à Montpellier, que Jean Paléologue ne vint pas à Rome au commencement de 1369, etc. ? Admettez-vous que Guillaume de Grimoard fit profession à Saint-Victor, qu'il fut nommé abbé de Saint-Germain-d'Auxerre par Clément VI en 1352, que sa légation à Milan, en 1352, est très certaine, qu'il fut abbé de Saint-Victor en 1361, que lors de son élection il était à Naples, choses que vous aviez niées ? Avez-vous avoué que les bulles d'Urbain V en faveur de Saint-Victor existent encore en original à Marseille et dans le Regeste du Vatican, que la grande tour d'Urbain V *qui existe encore* n'existe plus, que vous avez pris le maître-autel de Saint-Victor pour un souterrain, qu'Etienne III et Bernard de Saint-Etienne sont deux hommes différents, etc. ? C'était trop exiger de vous: tout ce que vous avez daigné admettre, c'est que dans des livres de 500 pages, vous avez pu vous tromper d'un jour ou d'une heure. Je prendrais donc une peine inutile, en vous communiquant mes notes, car vous ne les accepteriez pas.

Vous dites, p. 409, que *par un sentiment de délicatesse, Urbain V voulut qu'un Sabran commandât dans Rome, tandis qu'il canoniserait saint Elzéar, et qu'il nomma Sénateur pour l'année 1369, Louis de Sabran, neveu du saint.* L'observation est délicate, et elle était inédite. Mais si je vous prouvais au moyen de deux bulles imprimées par le Père Theiner, que Louis de Sabran n'a été sénateur que deux mois après la canonisation, consentiriez-vous à biffer votre phrase, et à remettre en poche ce sentiment de délicatesse?

D'après vous, Urbain V partant pour Rome, quitta Avignon en grande hâte, et parti de Sorgues, *il gagna d'un trait Marseille*, p. 323. Accepteriez-vous la rectification que vous donne la chronique du petit Thalamus, qu'il coucha le 3 mai à Orgon, le 4 à Saint-Cannat, le 5 à Aix, et qu'il ne vint à Marseille que le 6, c'est-à-dire, à petites journées ?

A propos des reliques conservées à Chirac, vous êtes d'avis, p. 314, qu'elles sont *à peu près les mêmes* que celles que Pons de Ulmo découvrit dans le souterrain de Saint-Victor, et vous vous demandez si ce ne seraient pas en réalité celles-là. Voudriez-vous bien imprimer la liste de ces reliques, que j'ai à votre service, et d'où il résulte qu'il n'y a à peu près aucune ressemblance ?

En parlant de l'église de Montpellier, vous faites dire au pape ces paroles de reproche : *Je vous avais commandé de bâtir une église et vous n'avez fait qu'une chapelle;* paroles que j'ai eu le tort moi-même de répéter en termes équivalents. Seriez-vous disposé à les retrancher, et à convenir qu'Urbain V ne les a pas dites, si je vous en donnais la preuve contenue dans une de ses bulles ?

Il est évident pour moi que vous n'en feriez rien, et que j'aurais travaillé pour le roi de Prusse. Votre Lettre de remerciment est là pour m'apprendre que vous trouveriez un moyen pour faire voir que j'ai tort et que vous avez raison. Elle montre que vous connaissez un peu trop la distinction qu'il y a entre les erreurs qui *nulla possunt tergiversatione celari*, et celles qui *aliqua possunt tergiversatione celari*. Aux premières, vous opposez un silence prudent, ou bien vous les mettez sur le compte du prote ; quand aux secondes, vous n'êtes pas en peine pour trouver une réponse plus ou moins habile, témoin votre *Lettre de remerciment.*

C'est là la principale raison qui m'oblige à ne pas vous répondre, car il n'y a pas de discussion possible entre personnes sérieuses, si l'on n'y va pas de bonne foi.

La bonne foi exige que l'on n'avance jamais une chose que l'on sait fausse, et que l'on ne nie pas ce que l'on connaît être vrai ; que l'on ne rapporte pas les paroles de son adversaire en les altérant; qu'on ne cherche pas à le mettre en contradiction

au moyen d'habiles coupures dans son texte; qu'on ne s'opi-
niâtre pas dans des opinions insoutenables; qu'on ne donne
pas des plaisanteries pour des raisons, etc. Pouvez-vous vous
vanter d'avoir rempli ces conditions dans votre *Lettre de remerciment?* Voyons un peu.

En 1865, j'avais indiqué comme frère du pape Urbain V, un
Maurice dont parle Moréri, et en cela je m'étais complètement
trompé. En 1866, j'ai corrigé mon erreur sans attendre que
vous me la reprochassiez, et j'ai *démontré* que Maurice appar-
tenait à la famille du Roure et non à celle de Grimoard. Quoi!
dites-vous? TU QUOQUE, vous aussi vous vous êtes trompé! Et
sans doute, MOI QUOQUE, car je ne me crois pas infaillible. Mais
au moins, faites comme moi et reconnaissez sans respect hu-
main vos erreurs, comme je reconnais les miennes, au lieu de
les défendre unguibus et rostro. Oui, je me suis trompé, et en
d'autres endroits aussi que vous ne m'avez pas reprochés, parce
que je ne vous les ai pas encore indiqués. Que ne me demandiez-
vous de vous les faire connaître? Vous auriez pu en rire à votre
aise et les réfuter. En effet, vous n'avez pu relever mon erreur
au sujet de Maurice qu'après que je l'ai reconnue et établie au
moyen de pénibles recherches; sans cela vous n'auriez pu me
donner cette leçon. Quand à ce que vous dites que *Maurice n'a
jamais existé*, que *Maurice est un mythe*, vous vous trompez.
Maurice a existé et a fait branche, mais dans la maison du
Roure et non dans celle de Grimoard.

Vous auriez voulu qu'en reconnaissant ma méprise, j'eusse
pris la peine de dire que vous aviez raison; j'ai fait plus que
cela, puisque je vous ai fourni les moyens de me prouver que
j'avais tort sur ce point. D'ailleurs, je ne pouvais pas vous donner
ce certificat, car dans votre phrase en question, il restait
encore quatre ou cinq erreurs ou assertions gratuites. Vous en
avez escamoté deux ou trois habilement en changeant votre
texte, et là où votre *Histoire* disait, p. 83 : « Etienne qui était
« l'aîné se maria. *Il continua la famille des Grimoard. Sa pos-
« térité masculine s'éteignit au XV⁰ siècle avec son arrière-*

« *petit-fils, dont la fille Urbaine de Grimoard, épousa en* 1494
« *Guillaume de Beauvoir du Roure;* » vous avez supprimé dans
votre Lettre, p. 8, tout ce qui est ici en italiques, parceque
vous vous êtes aperçu que j'en ai démontré la fausseté dans
mes *Recherches*. C'est un moyen fort commode pour se tirer
d'affaire.

J'ai donné comme une sœur du pape, Isabelle de Sinzellis,
que le cardinal Anglic dans son testament appelle sa sœur, et à
qui il lègue une rente de dix florins. Par un scrupule que me
laissait la différence de nom, j'ai dit dans mes *Recherches :*
serait-ce un nom de mari? Isabelle ne serait-elle qu'une belle-
sœur? Vous me plaisantez là-dessus, avec beaucoup d'esprit,
comme d'usage.

« Dix florins, dites-vous, ce n'est pas merveilleux, tandis
qu'il en lègue cent à sa nièce. Isabelle était tout simplement
une religieuse, *dilectæ mihi in Christo sorori Isabellæ de Sinzellis.* Ignorez-vous que les religieuses portent le nom de sœur,
ma sœur, ma chère sœur, ma très-honorée sœur? Et de cette
chère sœur en J.-C. vous faites une sœur d'Urbain V? Laissons
la sœur Isabelle dans le monastère des Fours. »

Tout cela est très-piquant; mais vous avez caché à vos
lecteurs que dans le testament d'Anglic, quatre lignes avant
celles que vous citez, il y a celles-ci : *Lego dilectæ mihi in
Christo sorori Dalphinæ Grimoardi... quindecim florenos.* Ces
mots sont parfaitement identiques à ceux qui ont rapport à
Isabelle; nous retrouvons là encore la chère sœur en Jésus-
Christ, et quinze florins d'or (au lieu de dix) de pension; mais
nous y trouvons de plus le nom de Grimoard. La sœur Delphine
ira-t-elle rejoindre sœur Isabelle? Direz-vous aussi qu'elle n'est
qu'une simple religieuse, étrangère au cardinal, ma sœur, ma
chère sœur en Jésus-Christ, ma très-honorée sœur? Pourquoi
avez-vous l'air de n'avoir pas aperçu ce passage, qui répond à
toutes vos objections? Je soupçonne que vous l'avez vu et que
vous l'avez laissé de côté comme trop embarrassant.

Les *Recherches sur la famille de Grimoard* contiennent à la

page 18, cette phrase: « 6° Herminsende ou Hermenarde, morte
« sans enfants. Ainsi s'exprime la généalogie manuscrite (de la
« bibliothèque impériale. *Vous n'avons rien trouvé qui confirme*
« *ou qui infirme cette assertion.* » Vous avez eu soin de suppri-
mer ces mots qui dégagent ma responsabilité, et qui permettent
de regarder ce nom comme une pure assertion, dont je ne me
fais pas garant; puis vous en riez tout à votre aise ! C'est un
procédé singulier !

S'il y a un point bien établi dans mes Recherches, c'est que
l'héritage des Grimoard fut recueilli, après la mort du père
d'Urbain V, par le neveu du Pape, *Raymond de Montaut*, fils de
Guillaume de Montaut. Je l'ai prouvé par une bulle d'Urbain V,
imprimée p. 49, par le testament du cardinal, p. 51, par le dé-
nombrement de 1373, p. 73, par la généalogie du cabinet des
Titres, qui, on le voit, ne l'avait pas inventé. Vous répliquez :
Qu'est-ce que ce jeune Guillaume de Montaut (je n'ai jamais dit
qu'il fût jeune ou vieux) *que vous m'opposez? Le connaissez-
vous? Ce nom paraît pour la première fois. C'est un nom fabri-
qué nouvellement.* Non, Monsieur, c'est un nom acquis à l'histoire, et appuyé de documents authentiques. En le niant, vous
n'êtes pas de bonne foi.

L'êtes-vous davantage en disant ceci, p. 11 : *Qui sait si Mons
Altus, Châteauneuf, Rocheblave, Blavi, Castrum novum, cité
par Baluze comme un neveu d'Urbain V,* (Castrum novum qui
devient un neveu d'Urbain V!!) *ne se rapprochent pas un peu,
et ne sont pas des formes diverses d'un même nom défiguré par
les historiens, les copistes, etc?* Evidemment Châteauneuf et
Castrum novum se rapprochent un peu et ne sont pas des noms
différents; mais Mons Altus près d'Avignon, Rocheblave sur
le Tarn, près de Quésac, et Châteauneuf, en quelque endroit
que vous le mettiez, ne se rapprochent pas du tout. Quant à
Blavi, c'est un nom d'homme. Mais je vous avertis, *quoique
vous mainteniez votre dire,* qu'il n'a jamais existé de cardinal
de Rocheblave, et que les armes du cardinal Blavi, bien
décrites dans son épitaphe, ne sont pas du tout celles des

Rocheblave, que j'ai relevées moi-même sur la porte de leur vieux donjon.

Vous assurez, p. 12, qu'*Urbain V avait des neveux qui étaient dans les ordres*. Citez-en un seul, si vous le pouvez. Je vous ai cité moi-même quelques-uns des siens qu'il ne voulut pas élever aux prélatures ; c'étaient ses parents et non ses neveux. Quant à Bernard de Châteauneuf, *nepotem ex consanguineo germano*, ce que j'ai rendu par fils de cousin germain, vous n'êtes pas assuré que j'aie raison et vous auriez scrupule de traduire ainsi. Essayez donc de traduire d'une autre manière. et trouvez un dictionnaire qui dise autrement.

Que dirons-nous de ce qui suit ? — Vous avez en main un document précieux que je ne connais pas, une *chronologie* (faute du prote) bien autrement exacte que celles dont je me suis servi ; elle vous a guidé, et vous a permis de tracer d'une main sûre la généalogie d'Amphélise de Montferrand ; et vous me le dites, non pour en tirer gloire, mais à titre de renseignement ! — Pure gasconnade, mon cher M. Magnan ; de généalogie (ne dites pas, chronologie) meilleure que les miennes. vous n'en avez point, sinon vous la citeriez, vous vous en serviriez, vous indiqueriez où elle est et ce qu'elle contient. Si vous voulez qu'on vous traite en homme sérieux, n'employez pas de pareils procédés ? Et vous vous vantez d'avoir le premier tracé d'une main sûre la généalogie d'Amphélise! Mais celle que vous avez donnée est complètement fausse ! Vous donnez pour père à Amphélise *le comte de Montferrand qui fit la campagne de Flandre en* 1304. Vous n'avez pas dit cela le premier, Monsieur ; vous l'avez emprunté à M. R., président de la Société de Mende, qui l'avait fait imprimer dans le *Bulletin de* 1857, cinq ans avant votre *Histoire*. Mais au moment où vous le répétiez. M. R. avait abandonné cette opinion, parce qu'il l'avait reconnue fausse, ainsi qu'il nous a fait l'honneur de nous l'écrire. Vous l'avez ramassée *le second*, et l'avez rééditée *d'une main toujours sûre.* Or il est faux, je vous l'ai déjà dit, que le comte de Montferrand ait fait la campagne de Flandre, et il est faux qu'il soit le père d'Amphélise. Je l'ai prouvé une fois, essayez de prouver le contraire. Je viens de dire, pour vous faire plaisir, *comte* de Montferrand, quoiqu'il ne le fût pas. Ne soyez pas puriste: dites hardiment, maintenant que vous le savez, *comtor* de Montferrand. C'était son titre, et on peut le dire, même en français : Dom Vaissette l'a dit, le marquis d'Aubais l'a dit, M. Roussel l'a dit, et beaucoup d'autres aussi. Laissez là le poids du sanctuaire, et dites bonnement, si l'occasion se représente, *comtor* de Montferrand. Ce sera une erreur de moins.

Je passe à une autre plaisanterie. J'ai donné à entendre (errata 5), qu'en 1304 Amphélise, mariée à un homme de près de quarante ans, pouvait avoir un certain âge ; j'ai dit aussi (Recherches, p. 14), *qu'en* 1293, elle pouvait n'avoir guère plus de 14 ans ; et j'ai cité les pièces sur lesquelles je m'appuye. Sur quoi vous vous écriez : *C'est admirable ! Vous avez deux cordes à votre arc, et vous arrangez merveilleusement toute chose.* — Pardon, Monsieur ! mon arc n'a qu'une corde, et le vôtre fait flèche de tout bois, même du mauvais. Comme si une personne qui avait plus de 14 ans *en* 1293 ne pouvait pas approcher de la trentaine *en* 1304. Ce qui est admirable, c'est l'habileté avec laquelle vous avez supprimé les deux dates, pour faire croire que j'avais fait Amphélise tantôt vieille, tantôt jeune, *en la même année*, selon les besoins de ma cause. J'ai dit qu'elle était jeune en 1293, et d'un âge plus avancé en 1304. Y a-t-il là de quoi rire ?

Vous n'êtes pas plus excusable lorsque vous essayez de détruire par un sarcasme, l'identité que j'ai établie entre Amphélise et Hélis qui rendit hommage en 1293 à Guillaume Durand. J'ai si bien examiné ces noms *avec la loupe*, que j'ai consacré huit pages de ma dissertation à cette question, et que je suis arrivé mathématiquement à la vérité. Oui, Monsieur, c'est encore un point acquis désormais à l'histoire ; et s'il manquait quelque chose à ma démonstration, il n'y manque plus rien aujourd'hui. Car je vous annonce que M. André vient de trouver dans les registres du chapitre de Mende, la fondation d'un obit pour

Hélis. *mère du pape Urbain V.* Dorénavant ne plaisantez plus sur ce point : Hélis et Amphélise sont le même nom.

Que voulez-vous dire à la page 15. quand vous me félicitez d'avoir embrassé votre opinion et abandonné la mienne, au sujet d'Anglic, oncle du pape ? Vous aviez dit qu'Anglic était prieur de Chirac, quand Urbain V y prit l'habit ; et je demandais: *la preuve de cela?* Je vous le demande encore aujourd'hui, car je vous assure qu'après avoir bouleversé les archives des Bouches-du-Rhône, celles de la Lozère, et fait faire des recherches dans celles de l'Aveyron, j'ignore encore ce que vous savez si bien, et je n'ai pas changé mon opinion d'une ligne là-dessus. Que signifient donc vos félicitations équivoques sur des aveux qui me font beaucoup d'honneur, sur les faits rétablis dans toute leur vérité, sur mes bonnes tendances, p. 16 ? Excusez-moi, mais les termes me manquent : c'est encore une gasconnade.

N'en est-ce pas une aussi que votre réponse à mon observation sur vos rues de Marseille *illuminées en plein jour?* Mais j'ignore, dites-vous, l'heure de l'entrée du Pape ! Toujours est-il qu'il n'est pas arrivé la nuit, et n'a pas fait une entrée aux flambeaux. Quand le bon sens ne le dirait pas, vous n'avez pas fait attention aux bateaux pavoisés et enguirlandés qui l'attendaient à Arenc, et qui vinrent ensuite régater au fond du port ? Cela ne se faisait pas de nuit. Vous m'opposez les flambeaux des confréries et les torches de la ville qui figuraient au cortége ! Mais ne savez-vous pas que l'on porte des cierges aux processions, même en plein jour ; tandis que les illuminations n'ont lieu que la nuit ? Ce que c'est que d'être trop éclairé !

Et les religieuses de Sainte-Claire qui se prosternèrent devant le Pape ? Donc *elles lui barrèrent le passage, donc il s'arréta, donc il a desserré les dents, et le Pape avait trop d'éducation pour garder le silence, donc il leur parla.* — Erreur, très-cher Monsieur ; on ne se prosterne pas devant le cheval ou la voiture du pape, mais à côté ; donc on ne lui barre pas le passage, donc il n'est pas obligé de s'arrêter, et il peut bénir tous ceux qui le

saluent et qui l'acclament. sans être obligé de leur adresser quelques paroles. Que de choses qu'il faut vous apprendre !

Et votre prote. qui vous a joué de si vilains tours, et
prêté tant de noms impossibles ! Pourquoi ne pas laisser à son
compte toutes les erreurs de votre Histoire : et la grande tour de
Saint-Victor qui existe encore après sa destruction, et les sept
dormants d'Ephèse réduits à quatre, et le souterrain d'en haut,
et les deux hommes qui n'en font qu'un, et celui qui en fait
trois, et le pape qui vient à pied d'Avignon, etc., etc.?

Vous dites ne pas avoir mérité la corde pour avoir appelé
trouvères les troubadours ; l'auriez-vous méritée si vous les
aviez nommés *troubadours* comme tout le monde? Pourquoi ne
pas parler comme les autres, et éviter avec soin le mot consacré
par l'usage? Nommez un seul auteur qui ait parlé des *trouvères* provençaux. Vous assurez que les papes d'Avignon faisaient
leurs délices des poètes provençaux, comme vous faites vos délices de Racine, de Virgile. d'Homère. Je vous crois sur parole
pour ce qui vous regarde, mais pas pour ce qui se passait il y a
500 ans. Apportez donc vos autorités. Enfin, après avoir dit
(*Hist.*, p. 62) que *jamais la poésie des trouvères n'avait jeté autant d'éclat qu'aux temps des premiers papes d'Avignon*, vous
persistez à dire (*Lettre*, p. 18), que *la poésie provençale avait
jeté* BEAUCOUP *d'éclat au temps des premiers papes d'Avignon*.
Votre assertion. ainsi modifiée, n'est pas plus vraie ; la poésie
des troubadours était morte bien avant la translation du Saint-
Siége, tout le monde le sait. L'établissement des jeux floraux à
Toulouse, que vous alléguez, n'a point du tout opéré la renais-
sance de la poésie provençale. Citez, si vous en connaissez, les
grands troubadours du XIVe siècle. D'ailleurs, les jeux floraux
datant de 1324. comment ont-ils pu donner de l'éclat à la poésie
provençale *sous les premiers papes d'Avignon*, deux pontificats presque entiers étant déjà terminés. Est-ce sous l'austère
Benoît XII que les troubadours reprirent faveur et devinrent les
délices du pape?

La querelle d'Allemand que vous m'accusez de vous faire au

sujet des abbés de Saint-Victor, est tout simplement une leçon d'histoire. Si *leur succession ne vous parait pas bien claire*, p. 18, nous en savons plus qu'il n'en faut pour vous prouver que vous avez confondu Etienne II avec Etienne III; ensuite que vous avez confondu Etienne III avec Bernard de Saint-Etienne; enfin, que vous avez refusé à tort à Etienne III le titre d'abbé de Saint-Victor, qu'il a porté pendant seize ans. Reconnaissez-le donc au moins une fois.

Vous niez, page 19, avoir fait entrer Urbain V à Marseille par la porte de la Joliette, et vous m'accusez de vous avoir faussement attribué cette erreur. Je vous prouve par une équation que ce que j'ai dit est bien fondé. On lit dans votre Histoire, p. 254 : *Le dais fut présenté au Pape à la porte de France*; et p. 255 : *A droite de la porte de France s'élevait le couvent des Trinitaires*; or, tout le monde sait que le couvent des Trinitaires était à droite de la porte de la Joliette, donc votre porte de France égale la porte de la Joliette, par la règle *quæ sunt eadem uni tertio eadem sunt inter se*; donc vous avez fait, malgré votre dénégation, entrer Urbain V par la Porte de la Joliette qui n'existait pas encore. Vous ajoutez que vous avez nommé porte de France celle que nos antiquaires appellent Porte Galle, pour être compris à Lyon, à Paris, à Toulouse. La traduction n'est pas mauvaise ; mais quand vous raconterez l'entrée à Avignon, vous ne pourrez plus dire qu'il entra par la porte de l'Oule, vous serez obligé de mettre *la porte de la Marmite*.

Ce n'est pas sérieusement que vous contestez l'établissement de l'université de Vienne par Urbain V ; je vous ai cité la bulle qui l'a fondée; je vous ai indiqué la bulle d'Urbain VI qui atteste le fait. Les historiens de cette université en attribuent la fondation à Urbain V; les ouvrages qui donnent l'ordre chronologique des universités disent de même. Il n'y a que vous qui ne vous rendez pas. Si Jean de la Tête-Dure n'était pas un Lozérien.....

Vous avez tort, M. Magnan, de soutenir que le cardinal Albornoz ne vint pas à Corneto recevoir Urbain V, et de faire litessus des phrases sentimentales qui tombent à faux. Vous avez toutes les chroniques contemporaines contre vous. Je vous ai cité la vie antique du B. Colombini qui le dit expressément. Voici maintenant la première vie de Baluze : « ubi mari exiens, *sibi obviam habuit D . Egidium* Alvari Hispanum.» Voici la chronique romane de Montpellier : « Arribet al port de Cornet... *et aqui fo lo cardenal d'Espagna*, legat en Lumbardia, am grant multitut de gens. » Laissez donc là votre Sepelvueda. Avouez aussi sans scrupule que le Pape prit terre à Corneto le 4 juin : « Item, a III de Junh... arribet al port de Cornet, e demoret tota la nuog en la galea... puoys *lendeman de matin* nostre senhor lo papa *yssi de la galea*, etc. » Pourquoi s'opiniâtrer contre la vérité? Quand à ce que vous dites là de *mon* Paradis des Jésuates, que j'érige en oracle contre vous, vous n'y êtes vraiment pas; je n'ai jamais vu cet ouvrage et c'est vous qui le citez à tout moment. pp. 335-336-337-339-346. C'est un quiproquo et l'argument prouve contre vous.

Vous devriez bien avouer encore que la translation des têtes des Saints-Apôtres se fit le 15 avril, jour de lundi, et non pas le mardi, 16. Vous ne voulez pas croire ce qu'en dit Baluze, sous prétexte que le procès-verbal de Sant Angelo in Pescheria, que vous vous gardez bien de citer, vous donne raison; en croirez-vous au moins à la parole d'Urbain V lui-même? Ecoutez : Universis præsentes litteras inspecturis salutem , etc. Splendor paternæ gloriæ, etc. Il donne cinq ans d'indulgence à ceux qui visiteront Saint-Jean-de-Latran, le Jeudi-Saint, le jour de la Dédicace, *et in crastino* resurrectionis dominicæ, quo dicta sacratissima capita solemniter translata fuerunt. Apud Montemflascon. Idibus Junii. A. VIII. — Reg. Urb. V. de Ind. A. VIII. f. 86. v°.

J'ai consulté les dictionnaires, et j'y trouve *hora matutinalis, heure matinale*. Le contre-sens que vous me reprochez n'y est donc pas, et peut vous retomber dessus. Le *gros anachronisme* que vous m'imputez n'y est pas davantage, puisque j'indique le 5 juin, comme vous. A quoi pensiez-vous donc en écrivant cela?

Enfin le chef-d'œuvre du genre, c'est votre dernier paragraphe, qui a failli mettre sous ma plume la règle de Lhomond, *turpe est mentiri*. Pour vous faire les parts bonnes, vous contez à vos lecteurs : 1° qu'il existe au Vatican un bon manuscrit en minuscules gothiques où vous avez pris vos renseignements; 2° qu'il y a un autre manuscrit fautif, du fonds de la reine de Suède, dont je me suis contenté ; 3° que j'ai copié vite ce manuscrit bien lisible pour avoir plus tôt fait, et que j'ai laissé de côté le bon manuscrit, trop difficile à lire ; 4° que le bon manuscrit contient à l'endroit que nous allons citer, une leçon différente de celle que j'allègue.

Mais, M. Magnan, où avez-vous pris tout cela? Auriez-vous fait comme Homère, dont vous faites vos délices : quandoque bonus dormitat Homerus? J'ai copié à la Vaticane, en entier, le manuscrit 4026, le même que vous citez dans votre ouvrage, lequel n'est point écrit en minuscules gothiques, étant du milieu du XV° siècle. Je ne l'ai point copié à la hâte, puisque ma transcription, commencée le 16 février, n'a été terminée que le 1er avril. Quant au deuxième manuscrit, fonds Ottobonien, numéro 787, que j'aurais préféré, selon vous, comme plus lisible, et pour avoir le travail plus facile, je l'ai seulement collationné avec ma copie du numéro 4026. J'ai collationné également l'exemplaire des archives des Bouches-du-Rhône, qui est de la main de Lefournier, et l'exemplaire qui est à Aix, à la bibliothèque Méjane; ceci ne m'a coûté que sept à huit voyages à Aix; mais c'était *pour avoir le travail plus facile*.

Et vous avez réellement espéré que vous feriez croire à ceux qui nous connaissent, que vous avez copié le bon manuscrit à minuscules gothiques, et que pour avoir plus tôt fait, j'ai transcrit le mauvais, parce qu'il était plus facile à lire ? Il n'y a qu'un homme à Marseille, capable de croire cela; mais il est trop intéressé dans la question.

Cela dit, voici le défi que je vous porte: Aucune part vous ne trouverez, pour la fête d'Urbain V à Saint-Victor, un autre texte que celui-ci : « Inchoetur missa solemnis de sancto Spiritu.

ut dicitur in die sancto Pentecosten, nichil addendo vel remoto,
cum prosâ et præfatione ipsius festi ; si prælatus celebret, bene-
dictionem pastoralem dabit, ut est moris ; *cæterum horá consueta, videlicet post offertorium*, fiet sermo ad populum per
elegantiorem prædicatorem, etc. »

Cherchez bien ; si vous trouvez autre chose, je serai convaincu
de mensonge ou d'incapacité. Dans le cas contraire, vous êtes
convaincu d'avoir forgé le texte *cætera hora consueta*, de l'avoir
mal traduit, et de l'avoir soutenu par des moyens illicites. En
attendant, il m'est permis de vous dire : 1° que ce texte est faux
et n'existe pas ; 2° qu'il est impossible, car on ne peut mettre *le
reste de l'office* entre le commencement de la messe et l'offer-
toire ; d'ailleurs, le mot *videlicet* exclut votre leçon.

Et vous avez fait toutes ces suppositions pour éviter de dire
que vous aviez mal lu ou mal traduit un mot ! Mais, est ce que
vous croyez qu'il n'y a pas d'autres contre-sens dans votre *Histoire*? Tenez, puisque vous m'y forcez, lisez :

« Madii 26ª dies ; equitabat hic pontifex almus per Januam,
cum cardinalibus octo, Duxque urbis Gabriel, et Delianus de
Panciaticis de Pistorio, potestas, papam præibant pedites, lora
ejus equi tenentes. (Muratori. *Rerum Ital.* to. 17, col. 1100). » Le
26 mai, Urbain V alla à cheval par la ville de Gênes, avec huit
cardinaux, et le doge Gabriel, et le podestat, Delianus de Pan-
ciatici de Pistoie, marchaient à pied devant le Pape, tenant les
rênes de son cheval. — Voici maintenant votre traduction,
page 334 : Le doge de Gênes, Gabriel Adorne, *ainsi que le podestat de Pistoie*, eurent l'honneur de tenir les rênes de son
cheval.

Le podestat de Pistoie! Croyez-vous que vous ayiez traduit
exactement? Vous avez inventé un podestat de Pistoie qui n'a
jamais existé, vous lui avez imposé un voyage de cent lieues
pour le mener à Gênes, vous avez écarté toutes les autorités de
la république pour donner la place d'honneur à un étranger, à
un inconnu. Qui sait s'il n'y a pas de manuscrit qui lise diffé-
remment?— En attendant, Delianus de Panciaticis de Pistorio,

potestas, rendu par le *podestat de Pistoie.* est un gros contre-
sens ! — Et de deux.

Et cette phrase du ms. 4026 : « Dedit ecclesiæ Mimatensi unam
imaginem beatæ Mariæ Virginis, *(le ms. de Lefournier ajoute :*
argenteam) ornatam auro et lapidibus pretiosis, et aliam imaginem etiam deauratam unius angeli portantis unam spinam de
coronâ D. N. J. C. » — Il donna à l'église de Mende un statue
(d'argent) de la Sainte-Vierge, ornée d'or et de pierres précieuses, etc.—Pourquoi la traduire ainsi, page 315 : Urbain V donna
à la cathédrale de Mende, *un tableau* de la Sainte-Vierge, *avec
un cadre en or*, enrichi de pierres précieuses ; un ange en vermeil tenant une épine de la Sainte-Couronne ? — Où avez-vous
pris ce tableau ? Où avez-vous trouvé ce cadre en or ? Est-ce que
l'ange en vermeil ne vous a pas averti que le mot *imaginem*
devait s'entendre d'une statue ou statuette ? Autrement, il aurait
fallu dire aussi le tableau doré d'un ange, etc. — Et de trois.

Et celle-ci : « D. Papa sacra generalia celebrans, fratrem suum
consecravit episcopum, cum aliis tam abbatibus quam prælatis,
num. 28. » — Le Pape sacra son frère évêque, *avec, en même
temps que*, 28 autres, abbés ou évêques. — Pourquoi traduire,
page 150 : il le sacra *en présence* de 28 évêques et abbés ? — Et
de quatre.

Et celle-ci : « Dedit ecclesiæ supradictæ.... caput S. Benedicti
de argento, cum certâ portione ossium dicti sancti interclusâ in
eodem... Item unum caput de argento, ad formam S. Germani
Antissiodorensis ep.et conf. cum certâ portione ossium ejusdem. »
— Il donna à l'église de Montpellier la tête d'argent de saint
Benoît avec une portion de ses ossements, et une tête d'argent
représentant saint Germain d'Auxerre, avec une partie de ses
ossements. — Pourquoi la rendre ainsi, page 316 : Il donna à
cette église un riche reliquaire *contenant la tête* de saint Benoît,
d'autres reliquaires *renfermant la tête* de saint Germain ? —
Et de cinq.

Et celle-ci : « Tradidit collegio monachorum... multos et pluri-
mos libros... de quibus ordinavit et fieri fecit publicas librarias

in ipso monasterio. ut sic quicumque pauperes vel non ha-
bentes libros, in loco ipso possent optatas consolationes gaudere. »
— Il donna à ce collège beaucoup de livres, dont il voulut qu'on
fît une bibliothèque publique dans le monastère, afin que les
pauvres et ceux qui n'auraient point de livres pussent y trouver
les secours dont ils auraient besoin. — Qui vous a suggéré cette
singulière traduction, page 317 : Le Pape remit aux religieux
une quantité de livres de théologie et de droit, *qu'ils devaient
distribuer aux religieux trop pauvres pour les acheter* ? Où est
le mot qui correspond à *religieux* , et celui qui signifie *distribuer* ? — Et de six.

Et celle-ci : « Corpus ejus locatum est... in ecclesiâ B. Mariæ
de Dompnis, ibique mansit usque ad ultimam diem Maii anni
sequentis... et de dictâ die ossa ejus translata fuerunt. » — Son
corps fut placé dans l'église de N.-D.-des-Doms, et y resta
jusqu'*au dernier jour de mai* (1372), et ce jour-là ses ossements furent transférés. — Quelle raison avez-vous eue de la
rendre ainsi, page 472: L'église des Doms avait gardé 18 mois
les restes d'Urbain V. Le *premier juin* 1372, le corps du pontife
fut exhumé? — Et de sept. Arrêtons-nous là pour aujourd'hui,
et faisons une marque.

Mais, dites-vous, croyez-vous donc que, même sans dictionnaire, je ne sache pas assez de latin pour m'en tirer convena-
blement? Dieu me préserve de méconnaître ainsi votre force ;
vous êtes bachelier, vous avez failli être licencié ; vous en savez
dix fois plus qu'il n'en faut. Mais je me défie un peu de vos yeux,
surtout quand il s'agit de minuscules gothiques, et un peu aussi
de votre attention et de votre application. C'est le seul moyen
d'expliquer raisonnablement les contre-sens ci-dessus et les
autres que je pourrai vous indiquer une autre fois.

Veuillez m'en croire, très cher Monsieur, peu de personnes
vous estiment autant que moi, parce que peu vous connaissent
aussi bien. Je connais vos remarquables qualités, et vos talents
de diverses sortes, parmi lesquels brille en première ligne un
esprit des plus distingués, doué de toutes les ressources qui font

l'esprit d'élite : richesse, habileté, souplesse, piquant, tout y est,
et à un degré peu commun. Vous avez de l'esprit jusqu'au bout
des doigts, jusqu'à la pointe des dents ; et même, à dire vrai,
votre esprit obscurcit un peu vos autres talents, de sorte qu'il
n'est pas étonnant qu'il y ait quelques taches dans votre soleil.
Je vous dis cela simplement, comme je le pense, là, entre amis.
Mais allez, ne craignez rien, ce sont de petites taches.

Croyez-m'en donc, cultivez votre esprit, et vous réussirez toujours ; faites des œuvres d'esprit et vous serez applaudi. Laissez-
là l'histoire qui réclame certaines aptitudes, et une application
de longue haleine, et ce *labor improbus* qui n'est pas sans de
rudes fatigues. Ici vous pourriez rester dans un rang inférieur.

Tenez, quand vous publiiez contre M. About vos lettres caus-
tiques datées d'Albano, (ne pas confondre avec Albarno, qui est
dans les Basses-Alpes), tout le monde disait : oh ! que d'esprit !
Au contraire quand parut votre *Histoire d'Urbain V*, bien des
fois j'ai entendu dire, il m'en souvient bien : Mon Dieu, que
d'erreurs ! Comprenez la chose, et faites-en votre profit.

Plus qu'un mot, car je ne veux pas terminer par Jean de la
tête dure, le Merle, Crépin, Bellugue, que vous avez choisis
avec un art infini pour émailler votre dernière phrase; vous
êtes injuste de m'accuser d'*éplucher vos livres*, page 5. Mon
tort, mais ne m'en veuillez pas, est d'avoir étudié, en même
temps que vous, le même sujet, et d'avoir la prétention de publier aussi la biographie du grand pape Urbain V. Malheureu-
sement j'ai le travail pénible, tandis que vous courez d'un pas
dégagé. Mais, par contre, j'ai peut-être le pied plus sûr, et mes
yeux, grâces à Dieu, me servent passablement. C'est ce qui m'a
permis, sans rien éplucher, d'apercevoir les infirmités de votre
Histoire, que mon étude des sources me rend évidentes. Que
voulez-vous que j'y fasse? Il faut que je ne vous lise pas, ou
bien je suis condamné, bien malgré moi, je vous l'assure, bien
cher Monsieur, à dire assez souvent : ce n'est pas ça, ce n'est pas
ça. Ai-je tort d'y voir? Ai-je tort de vous signaler ce qui m'a
offusqué? Cette fois du moins je me sens innocent, car je l'ai

fait à contre-cœur, après vous avoir prié de m'en dispenser, et uniquement parce que vous l'avez voulu. Ce sera toujours pour moi l'occasion de professer publiquement toute mon estime pour vous, cher Monsieur, et de vous renouveler l'assurance de tous les sentiments avec lesquels je suis, très-cher Monsieur, etc.

J.-H. ALBANÈS.

Marseille, 1er janvier 1867.

P. S. — Il est bien entendu que je ne répondrai pas à de nouvelles plaisanteries. Je n'ai pas de temps à perdre, et il ne me convient pas de descendre sur un pareil terrain.